Angie la Coquette
麗しのアンジ〜

ネコよみくじ花

アンジー・ラ・コケット チーム

集英社

「アンジー・ラ・コケット☆麗しのアンジー」に
登場するキャラクター達をご紹介！

- 食べるの大好き
- 自分の着る服は自分でつくる！
- おしゃれとファッションが大好き♪
- 音楽大好き
- たまに寂しがり屋で甘えん坊
- 自由を愛す自由猫
- いつでもワクワクしていたい
- ポジティブで立ち直りがはやい

オッドアイの白猫

アンジー

愛するぬい達

パッと開いたページが
あなたへ贈る"今日の一輪"。

ご機嫌いかが? アンジーよ。
「ネコよみくじ　花」を手に取ってくれてありがとう♡

この本は、あたしの日々の出来事や普段から感じて
いることをまとめた本の第二弾なの。
今回は大好きなお花がいっぱい♪
あたしの想いや毎日をハッピーに過ごすための
ちょっとしたヒントも詰め込んだから、ちょっぴり何かに
迷ったときや悩んだとき、そっとこの本を開いてみて?
もしかしたらそこに、あなたの元気の種が埋まってい
るかもしれないわ。

さあ、あたしと一緒にハッピーのお花を
咲かせましょ！

この本の使い方は簡単！目をつぶって知りたいことを念じながら、パッと本を開くだけ。そこで目に留まった絵や言葉が、きっと今のあなたに必要なもの。今回はアンジーが選んだ37の花と、花言葉がテーマよ♪

カラーページは、アンジーの日常を描いた絵物語。3枚の絵の中にピンとくるものがあったら、次の1色ページをめくってみてね。

1色ページは代表的な花言葉とともにアンジーがあなたに贈るメッセージ。読んでピンときたら、1ページ戻ってカラーページも見てみてね。

今日はあたしも桜色♡

本物の美しさは
見つけられるのを
待つものよ。

ずっと眺めて
いさせてね。

今日の一輪
桜(さくら)

優美な女性

本当に美しいものは自らを強く主張したり
なんてしないもの。
ひそやかにしとやかに、でも確かにそこに
ある桜のつぼみのように。

もしかしたら花咲くまでにほんの少し
時間がかかるかもしれない。
でもだからこそ、咲いたらきっと誰の心も
離さないほど素敵なあなたになるはずよ。

そんな春はきっともうすぐ♡

にじみ出てしまう
可愛さって
あるわよね。

がんばりすぎないあたしでいたいの。

この魅力、隠しきれているかしら？

今日の一輪
椿(つばき)

控えめな素晴らしさ

どんどん前に出ていくのもいいけれど、
そっと控えめにしているほうが
魅力的に映ることってあるわ。

何もしなくてもその存在になぜか目が心が
惹かれてしまう。美しいからこそ香らない、
まるで椿の花のようにね。

だから今日はちょっぴり控えめに。
能ある猫は、魅力をそっと隠すのよ。

あたしの好きは
あたしのものよ。

どこへ向かっても、
いいのよ？

今日の一輪

ネコヤナギ

自由

今日は自由を楽しむ日!

何をしてもどこに行ってもいい。
いろんなことぜ〜んぶとっぱらって、
好きなものを好きなだけ、
心ゆくまで楽しみましょう?
そんな日もぜったいに必要だもの。

さあ、あなたは何をする?
あたしは何をしようかしら♡

溜めこんで
いいのは
魅力だけよ。

心のままに
舞いたいの。

だって愛さずにいられないでしょ？

今日の一輪
ピンクの薔薇

可愛い人

なにを可愛いと思うかは人それぞれ。
比べるものでも競うものでもないわ。
だって可愛いって
見かけだけのことじゃないわよね。
そこにいるだけで心惹かれ愛される、
そんな存在そのものを指すんだと思うもの。

たとえば、ふんわりと香りを放ちながら
周りを自然と笑顔にしてしまう薔薇のような。
そんな可愛さも素敵よね♪

みんなが和やかでいられる世界で
ありますように。

甘いだけじゃ
ないわよ？

平和ってみんなで
つくっていくものなのよ。

 ネコよみくじ

今日の一輪

デイジー

平和

平和ってあたしだけじゃなく、あなただけ
でもなく、みんなでつくりあげるもの。

そのためには優しさも、
きっと厳しさも必要で。
でもだからこそ難しくて尊いんだと思うの。

あたしたちのいるこの場所が、
いつも平和で穏やかな世界で
ありますように。

失敗しても最後に
笑えればいいのよね。

いつもワクワクして
いたいの。

ネコよみくじ

今日の一輪
桃
（もも）

今日のあなたはとってもチャーミング♪
それってきっと
あなたが毎日を楽しんでいるからなのね。

だって自由で自分を大切に過ごす人って
そばにいるとつい目で追ってしまうし、
とっても魅力的なんだもの。

あたしもね、
そんなチャーミングな猫でありたいの。

心がその時を覚えているわ。

見つめる瞳は
無垢なまま。

けがれなき美しさって
あるわよね。

今日の一輪
百合
ゆり

無垢

迷ったり進んだり嫌いになったり愛したり、
いろいろなことを経験してオトナになるの。
誰だっていつまでも無垢な子猫のままでは
いられない。

でも、何にも誰にも侵されない心の深い
ところには、ずっとずっと無垢なままの
あたしがいるの。

時々オトナで時々コドモ。
そんなアンバランスさも魅力よね♪

今日はあたしをハグする日。

今日の一輪
ポインセチア

祝福

なんだか素敵なことが起こりそうな日。

だから先におめでとうを言っておくわ。
今日はがんばった自分に大好きなご褒美を
あげて、ぎゅ〜ってハグもしてあげて。

たくさんハッピーが貯まったら
大切な人にもおすそわけ。
もちろん、愛をめいっぱい詰め込んで
渡してね♡

あたしだけの小さな幸せ。

レディは愛と願いで
磨かれていくの。

あたしを育てていくのは
あたしなの。

今日の一輪

スミレ

小さな幸せ

誰だっていつもハッピーでいたいもの。
でも欲張りはダメよ？

欲張ってたった一度の大きなハッピーを
手にするよりも、ピッタリ合った小さな
ハッピーをたくさん集めるほうがずっと素敵。

そしてその小さなハッピーを、
お～っきなハッピーに
育てていきましょう♡

可愛さに癒されて笑顔になるの。

今日の一輪

スノードロップ

慰め

もしも今、心がなんとなく曇っているのなら、
自分なりに自分のご機嫌をとってみて。

たとえばむりやりにでも思いっきり笑ったり
泣いたりしてみちゃうとか。
ちょっぴりドジな猫を見て、
大笑いするのもいいかもね!

そしてもしも、
そんなあなたのそばに誰かがいるのなら、
思いっきり甘えましょ!
弱った時くらい自分に素直になるものよ♡

大丈夫。あたしがあなたを
許してあげる。

今日までは今日まで。
明日はまた違うでしょ？

のんびりで、
いいのよ。

今日の一輪

ネモフィラ

あなたを許す

どんなにがんばっていても、ときには
間違えたり弱気になったりすることも
あるものよ。
でもだからこそ、愛せるわ。

いつでもずっと正しく強くいるなんてムリ。
弱かったりダメダメだったり
強がってみたり。
そんなあなたもやっぱりあなた。

どんなあなたもあたしが許すわ。

ネコよみくじ

大好き！があたしの一番の原動力。

いつだって、光のある方へ。

この想いは日差し追う
向日葵のように。

今日の一輪
向日葵
<small>ひまわり</small>

憧れ

あたしの譲れない想いは
自分に嘘をつかないで、
いつか自分だけの生き方を手に入れること。

大好きはあたしの道を照らす光。
だからこそ、まるで太陽に憧れる
向日葵のように、この想いは
ただ一途に好きへと向かっていくの。

あなたが憧れ一途に想うものはなぁに？

ネコよみくじ

あたしが笑顔でいられるのは
あなたのおかげね。

今日の一輪

ミモザ

感謝

自分ひとりでできることなんてほんの少し。
いつだって周りには誰かがいて、
誰かがあたしを助けてくれている。

一緒にいてくれる大好きな友だち。
大切な家族。お気に入りのお店たち。

そんな大切で大好きなあなたに。
ありがとうと言える毎日に。
言葉を惜しまずに伝えたいの。

いてくれて、ありがとう。

ネコよみくじ

あなたに
届けたい歌が
あるの。

愛は与えることで
花開くのね。

想いがあるから形になるのよ。

今日の一輪

チューリップ

博愛

あたしには「好き」がたくさんあるわ。
そのぜんぶを愛しているし、ぜ〜んぶ大切!

いつでも誰かを想って何かを愛して、
届けたいし形にしたい。
きっと愛って限りはなくて、
たくさん愛すれば愛するほどさらに
大きく花開いていくものなのね。

だからこれからも惜しみなく注いでいくわ。
みんなのことが大好きよ♡

いちにち一回笑ってる？

今日の一輪

ナデシコ

無邪気

オトナになるなんて知らない頃、
世界はあたしを中心に回っていたわ。
怖いものなんてなくて、
誰にも何も隠すものなんてない。
好きなものは好きで自分らしくハッピーで、
周りには愛がい〜っぱい。

子猫の頃の無邪気な無敵。
でもそれって今でもあたしの中に
ちゃんとある。
あなたの中にももちろんあるわよ？

凛として立つ
あたしで
いたいの。

どんな暗闇も、
あたしを迷わせる
なんてできないわ。

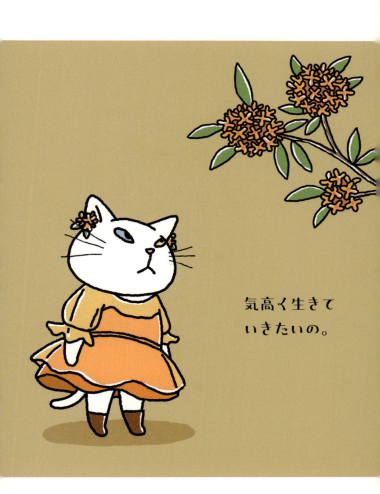

今日の一輪

キンモクセイ

気高い人

誰だってダメなところも足りないところも
あるものよ。
だからってそれを卑下したりなんてしない。

大切なのはあたしがあたしで、
あなたがあなたでいられること。
それだけはちゃんと認めてしっかり守って。

自分の真実を見失わないために、
心の気高さはぜったいに失わないわ。

こんな日は少しだけ、
もの思い。

今日の一輪

パンジー

もの思い

頭の中に思いが残る日。
つい、もの思いにふけってしまう。
そんな日は誰にだってあるものよ。

そうやってあれこれ考えを巡らせるのが
楽しいときもあるけれど、考えすぎちゃダメ！
だってすべてのことに答えなんて
出ないものでしょ。

そんなときはいっそ無心で
とにかくカラダを動かしてみるのよ。

コケるよりも起き上がるほうが得意だし！

ぬくぬくお布団で春を待つのよ。

寒い冬を耐えて咲くのね。

今日の一輪

梅
うめ

忍耐

やりたいことや欲しい未来、
ぜ〜んぶ叶えたいわよね!
でも途中で転んだり、
我慢しなきゃいけないときもあるわ…。
それでもがんばりたいって思うのは、
あたしはあたしの未来にそれだけ
期待しているからよ。

だけど我慢もほどほどに。
あなたの人生はあなたが一番大切にして
あげなきゃいけないことも、忘れないで!

ネコよみくじ

夢は、未来でいつか
叶えるための約束。

幸運はやってくるんじゃなくて、
つかまえるのよ。

あたしのラッキー
見つけたわ。

今日の一輪

クローバー

幸運

いつかいいことがあるかもなんて、
ただラッキーを待ったりしない。
運なんて自分でつかみ取るもの。

だから幸運が突然横切るその日のために
準備だけはしながら"いつか"を待つの。

だって夢はただの憧れじゃない。
いつか叶えるため、
あたしがあたしにした約束だもの。

あたしは
あたしを
認めていくわ。

冬に咲く花のような優しさ
と強さを持っていたいの。

いつだって、今日のあたしが一番よ！

今日の一輪
水仙
(すいせん)

自己愛

今日もあたしは絶好調!

できないことはたくさんあるけれど、
できることもちゃんとある。
誰かと比べたりうらやんだり、
そんなのまったく意味ないわ。
あたしはあたしを認めていくし
愛していくの。

だから今日もおまじないの言葉を唱えるわ。
「いつだって、
今日のあたしがニャンバーワン♪」

ネコよみくじ

愛らしいって
猫の正義よね。

結局、
やった分だけ
返ってくるの。

だってあたしになれるのは、
あたしだけ
だもの。

今日の一輪
ホタルブクロ

正義

愛らしいのも愛嬌が苦手なのも、
ほっそりもぽっちゃりも、好きも嫌いも
誰かにとっては正義だし、
誰かにとってはそうじゃない。
本当は、基準なんてどこにもないの。
大切なのは自分の心がどう感じるかだけ。

だからあなたはあなたの正義を貫いて。
だって結局、なりたいあなたになれるのは
あなただけなんだから。

今日の一輪
紫の朝顔

冷静

なんだかちょっとイライラしたり怒ったり、
失敗しちゃって慌てたり、
そんなふうに心が忙しいときって要注意。

うまくいかない日はいったん座って深呼吸！
そうして美味しいものでも食べて
一晩寝れば元通り♪

それでも心が晴れないときはそうね、
いつもより少し早起きして
お散歩なんてどうかしら。

この今をず〜っと大切に
していきたいの。

月明りをあつめて
輝くの。

儚さを
知っているからこそ、
美しいのかもね。

今日の一輪
月下美人

儚い美

美しい時期は一瞬なんて言うけれど、
それを儚いなんて言わせない。
そのひとときを艶やかに咲いて輝く。
そのためにあたしを積み上げたいの。
届かない願いにもいつか手が届くよう
想いをこめて。

だから、だからこそ、
たとえ花が散ったとしても、
その輝きはきっといつまでだって残るのよ。

幸せは、
なんど訪れても
いいものよね♪

想いはいつでも、
ただただ
まっすぐに。

今日の一輪

スズラン

幸福の再来

「幸せになるチャンスは一度きり」
なんて絶対ありえない!
幸せは何度だって
心のドアを叩いてくれるもの。

大切なのはただ純粋に信じる心。
それがあなたに"いつか"を待つ
勇気を与えてくれるはず。

だからあたしも、そしてあなたも大丈夫。
未来を疑わず、進むのよ!

綿毛になってあの人のもとへ
…飛んでいけたらいいのに。

これは幸運の兆しだって
グランマが言ってたわ。

好き、嫌い、
好き、嫌い、好き……
あら、次は
どっちだった
かしら？

今日の一輪

タンポポ

愛の神託

あたしの愛の行き先はどこ？
答えを探すのが怖いとき、
誰かが、何かが、
答えを与えてくれることを期待してしまう。

でもそれってきっと遠回り。
だって結局、答えは自分の中に
あるものだもの。

だからあたしはあたしに問い続けるわ。
答えが出るその日まで。

あなたがあたしを想うとき、
あたしもあなたを想っているのよ。

だってこれは
魂に刻まれた
約束だもの。

ずっと変わらない愛があっても
いいでしょう？

今日の一輪

キキョウ

変わらぬ愛

愛はうつろいやすいもの。
でもずっと変わらない愛もあるわ。
たとえ離れていても、いつも一緒に
いなくても、心の距離は変わらない。
それってきっと魂に刻まれた愛なのね。

そんなふうに愛し続けるのって素敵。
でももしも今、そんな愛を失っているのなら、
あたしから変わらない愛をあなたにあげる。

あなたをずっとず〜っと愛しているわ♡

ネコよみくじ

今日の一輪
ピンクの紫陽花

元気な女性

笑顔ばかりでいられないことだって
もちろんあるわ。
そんなときはな〜んにもせずに
ゆっくり休むのがおすすめよ。
それでもちょっぴり足りないときは、
元気の魔法を使ってみて。

あたしの魔法は、
音楽に香りに美味しいお菓子！
そんな大好きに囲まれて過ごせば、
いつのまにかまた、元気満タンよ♪

ネコよみくじ

新しい恋の予感がするわ。

出逢う準備は
いつでもできてるわ。

もう少しだけ、
恋に浮かれたあたしで
いたいの。

今日の一輪
ハイビスカス

新しい恋

ちょっとだけソワソワして
なんだか浮き立つような恋の始まり。
新しい恋をしているあなたはきっと今、
そんなくすぐったさを
感じているんじゃないかしら。

まだ恋が芽吹いていない人も
種だけはしっかり蒔いて。
だって恋がいつ始まるかなんて運命次第。
いつだって準備だけはしておかないとね♪

いつも想っているわけじゃない。
でも…忘れてなんかいないわ。

今日の一輪

ポピー

思いやりってきっと優しさと愛でできてるの。
だからこんなにあったかい気持ちに
なれるのね。

同じ気持ち、同じ感情。
共有して共鳴しあう。
知らないことは気づいてあげたいし、
ときどきは先回りもしちゃったり。
いつまでもそんな関係でいられるといいな。

今日も思い思われ、愛に満ちてすごしましょ！

人生は華麗に
舞うものよ。

ここは
あたしのお城に
するわ！

自分へのご褒美はなにより大事でしょ♪

今日の一輪

ダリア

華麗

いつも同じ日常なんてつまらない。
ときには日常から解放されて、
華やかに過ごしましょう？

たとえば抱えきれないほどの
お花を飾ってみたり、
シャンデリアが輝くお城を散策したり。
踊り子になってダンスを披露するのも
素敵だわ！

ちょっとだけ特別な華麗なる一日。
今日はそんな日にしてみない？

今日の一輪

蓮

信頼

誰にでも"今がんばらなきゃ！"な
タイミングってあるわよね。
そんな時は自分を、みんなを、
未来を信じて突き進みましょ。

けれど、がんばりすぎちゃダメ。
走り疲れちゃいそうなときこそ
自分や周りを信頼して任せちゃう。

ほら、少しくらい休んでも大丈夫♪

待っていられるのって
幸せなのね。

迷いなく、
澄み渡る空のような
あたしでいたいの。

今日の一輪

アネモネ

あなたを信じて待つ

人の想いって形がなくていつもあやふや。
だからときには不安になるの。

けれど、あたしは信じて待つわ。
たとえそれが一方的になったとしても、
届けたいあたしの想いは
"確かなもの"に違いないから。

でも、それでも…ちょっぴり待つのに
疲れたときは、ぜ～んぶ忘れて
いったんリセットしちゃいましょ！

ただそばにいさせてね。

今日の一輪

クリスマスローズ

私の不安を和らげて

"なんだか不安"ってこと、あるわよね。
何がなんてわからない。誰にもうまく
伝えられない。そんなときもあるものよ。
だからもしも大切な人が悲しんでいたら、
何も言わずにそっと寄り添って。
ただそれだけで、心が軽くなるものだから。

もしもあなたが何かに不安で、
今あなたのそばに誰もいないのなら、
目を閉じて思い出して。
あたしがいつでもあなたのそばにいることを。

ただ、あるがままに。

清々しさを
胸いっぱいに
詰めこんで。

飾りすぎない美しさって
あると思うの。

今日の一輪
野菊
のぎく

清爽

おしゃれして自分を飾るのがだ〜い好き!
だけど何も気取らずそこに咲く清々しさも、
同じくらい大好きよ♪

飾らなくても美しいものは美しい、
ただ野に咲く花たちのようにね。

だから今日は気負いやいろんな装飾を
ぱぱっとはずして、
さっぱりあるがままの自分で
過ごしてみない?

素直な心が
かわいさを
ひきだすのよ。

カワイイー！

ほめ言葉は
遠慮せず受け取るわ♪

混ざりあって重なり合って、
それでもあたしはあたしだわ。

今日の一輪

コスモス

謙虚

自分の等身大をはかるのって難しい。
がんばった自分も、がんばれなかった自分も
知っているから。

だからあたしはいつでもあたしを
見誤らないよう、ときに素直に、
ときに謙虚でいたいなって思うの。
ありがとうの心とともに。

けれど、本当にがんばったときは
ちゃんと自分を誇ることも忘れないわ。

ネコよみくじ

今日の一輪
ヒイラギ

あなたを守る

家族、友だち、美味しいお料理に
あたたかい居場所……。
どれも大切でかけがえのない宝物たち。
だから守っていきましょう?
失って悲しむ前に、悔やむ前に、
できることはきっとあるわ。

でもそうやって守っているつもりでいても、
本当は守られているのかもしれないわ。
きっとみんながみんなのヒーローなのね。

あたしの好きが
あるのは、
み〜んなの
おかげ。

ただそこにあるだけで、
力をくれるものって
あるわよね。

今日の一輪

ガーベラ

希望

希望って前を向いて生きるための原動力。
だから、もしも希望の光を見つけたら
絶対に手放さないで。
それがどんなに小さくかよわい光でも。

ほら、よ〜く周りを見渡してみて。
ただ見えていなかっただけの光が
きっとすぐそこにあるはずよ。

あなただけの光、見つけてね♡

今日も明日も、
あなたがハッピーでありますように♪

今日のお花はなんだった?
それはあたしからの贈り物。
この本があなたに寄り添い
毎日をハッピーに彩るものであるように、
願いと感謝を込めたのよ。

大変なことも楽しいこともあるけれど、
笑ってはしゃいでぐだぐだもして
ときに怒ってときには泣いて。
そんな日々がきっと幸せ!

……そんなあなたの毎日が、
素敵に花開いていきますように♪

書籍化第一弾

麗しのアンジー
ネコよみくじ

アンジー・ラ・コケットチーム
集英社

好評発売中

SNSで毎日投稿中♪

X （旧 Twitter）

 アンジー・ラ・コケット☆
麗しのアンジー
@AngieLaCoquette

Instagram

 アンジー・ラ・コケット☆
麗しのアンジー
angie_la_coquette

麗しのアンジー　ネコよみくじ　花

2025年2月10日　第1刷発行

著者
アンジー・ラ・コケットチーム
（イラスト・KaZoo／文・Toro*Kon）

発行者
樋口尚也

発行所
株式会社 集英社
〒101-8050 東京都千代田区一ツ橋 2-5-10

電話
編集部 03-3230-6141
読者係 03-3230-6080
販売部 03-3230-6393（書店専用）

印刷所
大日本印刷株式会社

製本所
ナショナル製本協同組合

装丁
阿部美樹子

定価はカバーに表示してあります。
造本には十分注意しておりますが、印刷・製本など製造上の不備がありましたら、
お手数ですが小社「読者係」までご連絡ください。古書店、フリマアプリ、
オークションサイト等で入手されたものは対応いたしかねますのでご了承ください。
なお、本書の一部あるいは全部を無断で複写・複製することは、法律で認められた場合を除き、
著作権の侵害となります。また、業者など、読者本人以外による本書のデジタル化は、
いかなる場合でも一切認められませんのでご注意ください。

© SDP 2025 Printed in Japan　ISBN978-4-08-781762-1 C0095

集英社学芸編集部公式ウェブサイト
http://gakugei.shueisha.co.jp

集英社学芸編集部公式 Facebook ページ
https://www.facebook.com/shueisha.gakugei